바당 봉봉

시에시선
013

바당 봉봉

정영주 시집

詩와에세이

차례__

제1부

밥이 멀다 · 11
돌집 풍경들 · 12
늙지 않는 바다 · 14
세반고리반 · 16
물속에 알을 낳는다 · 18
소금 같은 비명 · 20
서툰 책방 · 22
겨울 산 · 24
수상한 시(詩) · 26
제주 일기 · 28
베스트셀러 · 31
러빙, 빈센트 반 고흐 · 32
수평선의 시간 · 34
물속에서 차 한잔 · 35
늙은 은행나무의 방 · 36

제2부

바다와 겸상하다 · 39
먹빛 시력 · 40
문득, 잠에서 깬다 · 42
다섯 평의 움막 · 44
내가 또 있다 · 46
공중 노숙 · 48
헝그리 정신 · 50
이정표 · 52
구름 주머니 · 53
91게스트 · 54
불가마 · 55
접근금지구역 · 56
쇠 발목 · 58
가만히 귀를 댄다 · 60
북극성 · 62

제3부

눈물도 이젠 춤이다 · 65
느티나무의 걸음으로 · 66
내비게이션 · 67
매 맞은 아이처럼 · 68
허구 한 마리 · 69
사라의 정원 · 70
한라봉 · 71
바당 봉봉 · 72
산이 나를 넘긴다 · 74
골목 없는 7번 국도 · 76
마음의 거리 · 77
아직도 공사 중 · 78
고양이, 야생화 · 80
서로의 벽 · 82
상추 · 84

제4부

배후 · 87
측백나무 그늘을 끌고 · 88
백색 그림자 · 90
문장은 중립 · 92
고작 3%? · 94
베두인 · 96
밟혀서 좋은 것들 · 98
그늘 서너 평 · 100
뚱뚱한 고양이 · 101
산고래 아가리에 · 102
머릿속을 뒤진다 · 104
쪽빛으로 물들여지다 · 106
벽과 벽 사이 · 108
대패질 · 110

해설 · 113
시인의 말 · 143

제1부

밥이 멀다

여기선 밥이 멀다
바람이 밥이고 바다가 밥이고
숲이 밥이어서
숟가락도 젓가락도 멀다
밥때가 되어 들어오는 사람도 멀고
펄럭이는 먼지조차
온기이던 가족도 멀고
이따금 약속에 동동이던 약속이나
사소한 기다림도 멀다
반백의 여인이 작은 점포
한구석 잠을 염려하는 온기가
예선 고봉밥이라는 걸 알까
날씨는 검은오름숲으로 일렁이는데
어린 손자 간병에
몸이 가늘어진 반백의 여인은
아직도 따순 방에 누워 몸 지지고 있을까
문득 내가 건네줄 온기는 없을까
내내 두리번거린다

돌집 풍경들

1
서까래에 매달린 종 세 마리
가만히 만졌는데
퍼덕이며 소리를 낸다
서까래가 놀라 검은 비늘을 털고
방바닥엔 굳은 먼지 몇 톨이
떨어져 나뒹군다
돌로 굳은 먼지 속에 묻은 서까래의 지문,
손가락으로 문대보니 속까지도 새까맣다
백 년 돌집 내력이 내 손가락에 쌓인다

2
돌창고 구멍으로
햇빛이 기어들고 있다
담쟁이가 멈추어 길이 된 돌 틈새,
햇살 꽃들이 만발하다
돌창고 안에서 보면 더 확연하다
구멍구멍 사이로 스며 반짝이는 돌꽃들

이상도 하지
오랜 기억들의 파편
실은 울음인지 웃음인지도 모르는
반짝이는 시어들이
돌 틈새에 끼어 분주하다

3
오래된 집을 지키던 서랍장
서랍 속이 돌집 자서전이다
한 장 한 장 열어젖히면
뜻밖의 문장이 튀어나온다
어지러운 서랍처럼
적나라하게 들켜지는 집
열지 않으면 아름답다
닫혀 있을 때가 더 품위가 있다

늙지 않는 바다

오늘은 바다의 손에 꽉 붙들렸다
손을 놓아도 끝내 놓지 않는다
몇 번이고 놓친 손 때문에
사는 일이 쓸쓸했다

사내는 손 놓고 보따리 싸는 걸
부러 모른 체했다
내일 모레면 데리러 온다는 아비는
20년 동안 세 번 나타났다 사라졌다
아이가 아이를 낳을 때도
어미는 바느질을 놓지 않았다
미역국에 실밥이 늘 떠다녔다

사라봉 아랜 바다의 손들이 분주하다
내게 건네준 손도 싱싱하고 탱탱하다
도무지 늙지 않는 바다
그 바다에 손 잡히면 도망갈 수가 없다
사라봉을 오를 때는 바다가 둥글었다

오르고 보니 바다는 끝도 없이 출렁이는 성이었다
누구에게도 소중한 적이 없었던 날들이
예선 온기가 될까

세반고리반

오른쪽 귀에 박힌
돌 하나가 어딘가로 달아났어
세반고리반에 잘 박아둔 운석이 날아간 거지
그곳도 광활한 하늘이 있을까
좌회전을 잘못해서 집을 찾지 못한 것처럼
귓속의 돌도 악성코드지
어느 행성의 짓일까

궁창을 날아본 적이 있어
꿈인지 생시인지
오른쪽으로 뱅뱅 도는가 싶더니
어느새 우주에 떠 있더군
아득히 멈춰진 우주
허공은 허공을 붙잡고 무한대로 펼쳐 있더라구

갑자기 귀가 팽창하더니
굉음소리를 내대
귓속을 빠져나간 운석이 제자리 잡는 소리라나

번쩍 눈을 떠보니 의사들이
내 몸을 거꾸로 돌리고 있더라구
몸의 허방이 잠깐 궁창이 된 거지
거꾸로 서 봐야 빠져나간 것들이
무엇인지 알 수가 있지

물속에 알을 낳는다
—밤, 명옥헌에서

달이 진통 없이 물속에 알을 낳는다
단번에 꼭 저만한 새끼 하나를 툭 떨어뜨린다
아름다운 것들은 산고도 없다
제가 깃들고 싶은 곳 처연히 숨죽여
창백히 몸 누일 때를 찾다가
적요한 물속이면 어디에고 알을 깐다
붉은 배롱나무 꽃잎들 오소소 호수로
먼저 내려와 몰약을 터트리고
향기 알갱이들 달빛이 내는 길로 날아가
들꽃 속에 섞인다
섞여가는 일들이 유독 경건할 때가 있다
사람의 경건보다 달빛에 스며드는
사소한 풀빛이 더욱 숙연해져
갑자기 몸이 지긋이 부풀어 오르기도 한다
달로 떠오르는 몸
세상의 밤이 달의 밤보다 더 깊고 그윽할까
새끼 달을 씻기는 몰약 향이 어둠의
구석구석을 발효시키고 있다

비틀거리는 길 하나씩 물속으로 빠져간다
취한 밤이다

소금 같은 비명

아직은 찬 바닷물에
아이들 하나둘 겁 없이 뛰어든다
소금 같은 비명이
어스름으로 정수리에 와 닿고
까닭 없이 서늘해지는 저녁
언제 저런 싱싱한 웃음이 있었나
플래시 번쩍 터지는 아이들 핸드폰 카메라
검은 바다만 찍히는데
나도 무작정 바다에 들고 싶어진다
젊음이 없던 젊음,
그때도 바다에 들지 못해
여전히 바다를 염탐하고 산 시간들
아침상에 올리려고 미역을 건지거나
어쩌다 길 잃은 숭어 한 마리 걸릴지 몰라
작대기 들고 바다를 동동이던
어리고 가난한 식탁
어떤 책임이 바다에서 밥을 나르라고 했는지
어린 시절 바다는 만만하지 않아서

그저 첨벙이며 노는 친구들, 바다가 밉기도 했었는데
아비가 바다에다 버리라는 나는
아비를 잡아가라고
바다에 악을 썼던 그 깜깜한 날들,
소금 같은 비명을 기억한다

서툰 책방

싱싱한 기성은 없다고
서툰 책방을 기웃거린다
무의식이 의식이라는 걸 늘 잊고 산다
제주에서 춘천까지
여정을 훑을 때마다
가족의 정지와 중지가 어지러웠다
그들도 서툰 책들이어서
적의와 배반을 아무렇지도 않게
뒤섞어 문자로 내뱉는다
어지러운 이면과 내면들을
읽는 일이 아프고 서툴다
들키는 문자는 서로에게
변종 바이러스라는 걸 알 리 없다
골육을 피하는 일
골육이어서 찾는 일
서툰 책방에서 밀당이라도 하고 싶다
기성이 쓰는 책은 서툰 책방에 없을 텐데 하다가
헤어졌다 다시 만나 차렸다는 책 카페에서

나는 두 젊음과 합류했다
혼자 화해하고 혼자 용서하는 동안
담쟁이가 밀고 당기며 돌담에
붉은색만 고집하는 걸 보고 있었다

겨울 산

산이 통째로 날아오른다
거대한 붕새가 된 산
눈발은 멈출 줄 모르고
산의 정수리로 하얀 탑을 쌓지만
무거울수록 가벼워지는 산
산이 폭설을 끌고 함께 날아간다
무수한 붕새의 깃털들이 하늘을 덮는다

겹겹의 옷을 입고 산에 오른다
지팡이 날개를 잡고 백색 미로를 오른다
발밑이 하얀 수렁이다
푹푹 빠져드는 깃털의 경계
무너진 발의 수칙을 버리니 그대로 하늘이다

바라보는 것이 몸이 되는 일
한순간 몸이 다 비워져 허공이 되는 일
그 폭설에 묵묵히 들어온 우주와 하나가 되는 일

무작정 산에 들어
그 형형한 눈빛에 눈을 맞추기만 한다면
산이 붕새가 되어 하늘로 오르는 일이
결코 전설이 아니라는 걸 안다

수상한 시(詩)

조짐 같은 언어가
긴장된 시간으로 좌정하고 있다
세 시의 약속을 어긴 내가 내게 놀란다
수상한 시가 선약도 없이 먼저 와 있었다
시라고 말하고 싶은 수상한 그림이 엿보였다
자기도 모르는 언어에 취해
달려가는 손가락의 속도
세련된 언어는 쓸쓸하고 가벼운 징후를 흘린다
어디서 빌려온 문장처럼
빛나는 보석인데 밟으면 금이 갈 것처럼

추상이거나 관념이 되는 것은
누군가의 책임이라는 불편이 몰려왔다
시어의 적요한 반란도 불편에서 시작됐을까
앞면도 옆면도 아닌 허허로운 등의 문장
내부는 꼼꼼하나 잠겨 있다 삐져나온 의문문들
지나친 묘사는 독이 될 때가 많으니까
정직한 감성이 배반일 때가 있으니까

들키고 싶지 않은 것들이 늘 해독 불가다

제주 일기

1
지척에 바다를 두고 마음을 달랬다
천천히 가자고
몸이 달수록 아껴두자고 딴지를 걸었다
비는 일 년이라도 올 듯 질기다
서서히 스미는 빗물이 문턱을 넘는다
고슬고슬한 옷 입고
바람 반, 햇빛 반 머리에 두르고
숨은 연인 보듯 슬쩍 바다와 마주치고 싶기는 한데
참은 길에 바짝 견디고 싶다고 나를 달랜다
제주의 민낯은 비일까, 바람일까, 햇빛일까
한 달 내내 거처를 만드느라
바다라면 광기도 부족한 나는
비의 세례만으로도 이리 충만하다

2
문을 열자마자 거세게 문을 미는 바람
몸이 안으로 밀리고

칼바람이 꺾여서 거칠게 들어선다
신고식도 없이 육지 것이 왔냐고 댓거리를 한다
밤새 복통으로 신고식을 치른 터인데
바람 텃새 장난 아니다
거친 것은 더 거칠게
겉옷 하나 더 걸치고 문을 나선다
주차금지 팻말은 날려서 저만치 굴러가고
머리 뺏길까 모자를 두 손으로
꾹 누르고 뛰어가는 사람들
그래, 성깔진 바람이 좋다
바람의 속도에 발을 맞춘다
제주의 돌에 몇 번 넘어지고,
바람에도 서너 번 넘어지면
어느새 나는 바다에 닿아 있겠지
파도 부싯돌에 갈고 갈아서
푸르게 날 선 바람들을 날려 보내는 바다,
그래, 오늘은 기어이 너를 보고 싶다

3
바다의 머리에
지천의 꽃이 피어 있었다
푸르게 터지는
바다의 웃음소리를 들으며
꽃이 되어가는 그녀에게
일 년에 한 번 웃을까 말까 한
내 웃음이 들켜지고 있었다

4
점포를 연지 한 달째
쉽게 마음 주지 않는다
주저주저 몸 둥글게 말고 앉아
지나는 행인을 흘금거리는 육지 여자를
섬은 탐색 중이다
내가 기다리는 건 손님이 아니다
온기를 담아오는 사람이다

베스트셀러

한 시대의 걸쭉한 담론들이
가지가지마다 걸려 있다
둥치 사이로 기어든 바람이
산행하는 사람들 혀를 감고 돈다
요즘 부쩍 산에 드는 사내들이 많아졌다
그들의 혀는 잘 갈아진 칼처럼
세상을 난도질한다
거친 언어일수록 푸드득
높이 날아오르고
가지를 치며 튀어 오른다
색색이 나뭇가지에 걸려 있는 문자들
오늘 허공에 펼쳐진 책들이 많다
다 베스트셀러다

러빙, 빈센트 반 고흐

배우의 표정에
고흐의 색채를 씌워봐
떨리는 물결로 번지는 저 애니메이션
우울한 고흐의 열정과
절벽으로 달려갈 듯 쓰러지는 슬픔이
흔들리는 색감으로 벼랑을 타지
그대 봤어?
십 년을 고흐 빛깔을 찾아 만들었다는 애니메이션
어둠 투성이인 그의 광기도
그의 색채가 배경이 되는 고뇌도
떠나는 고갱을 간절히 붙잡는 뒷모습도
창녀와 거리를 헤매는 순진한 불량까지
처절하게 아름다운 고흐를 봤어?
그렇게 그를 사지로 몰 수는 없었다는 해석 아닐까?
고흐는 스스로에게 가장 정직한 화가라고
순정하고 오묘한 색채묘사로 그를 변명해주고픈
감독의 절절한 애도 아닐까?
뜻밖의 황홀한 영화를 보고

고흐를 현실로 데려오고 싶었어
그의 소심한 자폐와,
자학으로는 바꿀 수 없는 찬란한 색감이
지금까지도 추앙받는
그대의 최선의 자존이라고 말해주고 싶었지
오늘 살아서 움직이는 시 한 편이 내게로 왔어

수평선의 시간

몇억 년 전 공룡은
무심히 바위에 발자국을 냈겠지만
지금도 공룡 발가락을 몸에 품고
바위는 먼 기억을 재생하며 구르고 있겠지만
파도가 발자국을 몇천 번 핥고
더듬을 동안 한 세기는 가겠지만
그 거대한 짐승을 그려주는 바위와 벼랑의
단단한 책 속에서 거대한 부활을 읽겠지만
실물과 허상을 뒤집는 역사가 파도에도
여전히 살아남아 뜨끈뜨끈한 공룡 알을 꺼내겠지만

수평선, 그 긴 시간을 밀고 와
해남 앞바다에 펼쳐진 거대한 문명
순식간에 부화시키는 공룡 세 발가락 속에
아이들이 발바닥을 넣고 환호한다
어떤 도서관이 이같이 생생한 역사를 진열해낼까

물속에서 차 한잔

물속에 잠겨 차를 마신다
적막 한쪽이 기우뚱 공기 방울을 터트리고
내 잔은 물속 허공을 유쾌하게 건딘다
어치도 태초엔 물고기였을 터
지느러미 날개가 물속을
가르며 가볍게 수면을 찬다
몇억 광년의 중력을 버린
빛도 휘어지는 오래된 골목들이 떠드는 부대낌처럼
이백 년 전에 우주에서 터져버린 별 하나
사백 년 후에나 알아채는 혼돈의 빛이 되어
물속에 고여 있다
물에 빠진 구름이 발에 척척 감기고
여즉 오르지 못한 별 하나
퉁퉁 불어 달인 척하는 오후
한낮 산속이 이리 깊다
고도의 심해에 잠겨
지느러미 없이 가볍게 허공을 헤엄치는 산꽃들
수화로 지저귀며 물 위로 떠다닌다

늙은 은행나무의 방

오래된 페인트가 벗겨진 것처럼
늙은 은행나무 몸통이 각질 투성이다
허물 벗겨진 시간이 빗속에 엉켜 있다
혼자 스며들 골방 하나 얻을까 산에 든 것인데
늙은 은행의 방,
숭숭 뚫린 구멍마다 노랗게 물이 차 있다
햇빛 가득할 땐 청정한 방이어서
방 하나 세내어 환한 그늘에 들 수 있었다
늑골에 감추고 다니던 적막 하나 꺼내어
황금가지에 슬쩍 걸어두어도 모른 체하니 좋았다
오늘은 은행의 고독이 물속에 잠겨
들어설 길이 신화처럼 멀고 아득하다
빗소리 점점 장엄해지고 물소리가 남기는 그림자를
숲이 받아내 하늘로 토하고 있다
은행의 등에 눈빛 부리고
노란 이끼의 시간 몇 잎 뜯어낸다
손바닥에 내려앉는 홍건한 빗물,
그 속에 천 년 혼돈이 흐른다

제2부

바다와 겸상하다

바다가 내 밥그릇에
수저를 넣는다
제 그릇 다 비우고
그 큰 아가리에 내 밥을 퍼 넣는다
걸태질하듯 밥 한 공기 뚝딱 해치우고
그 시절 빚 다 갚으라고
주야장천 바다에 와서
아침저녁 끼니 가져간 것
이제 다 돌려주라고 내 밥그릇에 손을 내민다
새벽에 바다에 나가면 미역과 다시마
긴 막대낚시에 걸려드는 새끼숭어와 놀래미
하루 세끼 밥이 소원이었던 내게
바다가 내주던 양식
이제 그 빚을 갚으라고 앙당거린다
오늘은 내가 차려논 식탁에
바다와 겸상을 한다
푸진 하루다

먹빛 시력

세 시간 계속해서
바다를 바라보니까
시력에 문제가 생기더라
중력에도 문제가 생기고
한곳을 무작정 바라본다는 건
고여 있던 자기 색을 덜어내거나
감성이 아득히 휘발되거나
사유나 정신도 먹먹히
먹빛이 되어가는 거 아닐까
내면은 깊고 아늑해지겠지만
질리지 않는 시선
한곳을 집중해서 바라보는 일
변함없는 저 파도처럼
한곳을 끊임없이 넘나드는 일은
끝내 바위처럼 닳아지거나 구멍이 나거나
형태가 변질되는 것일 텐데
고통이거나 극기이거나 하는 극단의 것들
그 목소리가 실은 다

먹빛이 아닐까, 싶어

문득, 잠에서 깬다

수많은 삽화가 내 안에 있다
열지도 않았는데
함부로 페이지가 넘어간다
가슴만은 내 것인 줄 알았는데
누군가 내 속을 멋대로 펼쳐놓고
글과 그림을 새겨 놓았다
문자가 오글오글 시끄럽다
초대한 손님도 아닌데
내 사연 말고도
온갖 사연이 내밀하다
어떤 욕망이 투입되고 있을까
내가 불러들였거나 누군가 내 의식을
강제하고 있는 건 아닐까
얼크러진 음악 같기도 하고
해독 불가능한 암호 같기도 한 비밀문서들
아무리 꿈이지만
납작해진 사람들이 내 가슴 안에 모여
무슨 해괴한 음모를 꾸미는지

척척 개서 바깥으로 몽땅 던지려다
문득 잠에서 깬다
버린 욕망인지, 주워 모은 욕망인지 모를
내 깊은 곳, 그 군상들을 놓고
뒤집힌 시어 하나 꺼낸다

다섯 평의 움막

방과 부엌과 화장실이 간격 없이 모여 있다
간격이 없으니 여정 뒤에 누워 볼 하늘이 없고
땅 그늘지는 어스름 뒤안이 없어 멀리 나갈 엄이 없다
어디서 이 가난한 독백이 헤매다 왔는지
생각하는 일이 일과인 다섯 평의 움막,
버리는 일이 이제는 손쉬워져 동해도 서해도
저희들끼리 오고 가겠지 싶다
오랜 시간 너무 먼 섬에 있었다
터진 둑을 따라 무작위로 흘러갔다가
겨우내 움막에 들었다
그간 못 읽은 책들과 마치지 못한 바느질
서로 바꾸어 읽혀야겠다
한참 고요해지면 이곳에도 풀이 돋겠고
꽃이 피고 새도 날아들겠지
때론 낮게 등 구부리고 천 년이 하루 같은 시간에
깊숙이 들어가 볼 일이다
나는 잔뜩 싸들고 온 잠도 산책도
잠깐 벽에 걸어둔다

아직도 보내지 못한 편에 박힌 시 청탁서 옆에

내가 또 있다

나는 여기 있는데
문 앞까지 나가 서 있는 내가 또 있다
누가 진짜 나인지 모른다
문 앞의 내가 누워있는 내게 돌아와
한참 나를 들여다본다
움직이는 게 실체라면 문까지 걸어간 내가 나이다
죽음은 하나가 아니다
목숨도 하나가 아니다
하루종일 안절부절못하는 나를 달래느라
서점에도 가고 책도 보고 산에도 다녀왔다

티브이 속에선 이천오백 년 된 나무가 우람하게 서 있었다
백오십 가족을 부양한다는 그 나무는
아직도 세 들 사람을 찾고 있었다
갑자기 나도 그 허공에 세 들고 싶어진다
그렇다면 내가 몇 개인지 더 잘 알 수 있을 테니까

메니에르병에 시달린 지 오래되었다
한 번 어지러울 때마다 내가 불어난다
두 개로 세 개로 열 개로
그 허방에서 실체를 찾는 일이 어려워진다
나는 누워 있고, 또 다른 나는 나를 빠져나가고
그들이 무수히 내 몸을 빠져나갔다
다시 들어오는 일,
누구를 보초로 세워둘까
그러니 저 오래된 나무에 오르락내리락하며
일생을 보내는 일이 더 현실일 것이다

공중 노숙

잠이 사내를 파먹더구만
자벌레가 되어 기는 사내의 고립까지
신문지 한 장의 온기로 겨우 열린 눈꺼풀은
먼 곳을 헤매다 왔는지 진득이 얽혀 있었어
지하철도 이제 안전장치가 없대나
바닥의 바닥도 다 거덜 나고
잠깐 몸을 접었다 펼 의자도 차지하기가 어렵다더군
자울자울 졸며 구겨진 모자 내밀었자
동전 하나 짤랑이지 않는다네
지폐는 아예 잊혀진 유행가고 취객들도
빈 주머니만 몇 번씩 모자 위에 털어대다 가곤 하지
가장 편한 발인 지하철도 데모를 한다더군
서울 하늘을 찌르던 고층아파트들도
공중에서 노숙한다고 들었네만
집을 갖고도 집이 없다는 어느 윗동네도
아예 집을 버리고 거리로 나왔다지
10억짜리 아파트가 세금 덜미 융자 덜미라
아예 허공에 던져버렸다는 거야

이제 펀드족들도 선물이니 옵션이니 침 튀기다가
장이 바닥이면 바닥 찾아들겠지
집에다 몸 맡기는 일이
잠에게 몸을 맡기는 일보다 어려우니
근심걱정 던지고 발 뻗는 데가 안식처라지

헝그리 정신
—화성인

우리 세상이다
할인 코너를 초토화시킬 준비 완료
그녀의 시선이 때깔 좋은 연어를 훑는다
원 프러스 원, 을 외치는 마트 직원 얼굴이
오늘은 더 맛있게 보인다
이제 종치는 시간이 코앞이다
헬로, 원 플러스 원에 또 원, 어때?
어차피 낼이면 버리잖아
직원은 마지못해 연어 팩 세 봉지를 담는다
다시 그녀는 한가한 곳으로 눈을 돌린다
전법은 무한하다
떨이 속으로 들어가 세일을 유도하고
그 세일에 또 하나 빼서 올린다
장어 두 팩에 팩 또 하나
끈질긴 공략은 지칠 줄 모른다
파이널 라운드!
그녀는 마지막 사냥감을 향해 달려간다
하나에 팔천 원짜리가 사천 원이요

날치기하듯 두 팩을 잽싸게 잡아챈다
직원가로 줘!
떨이를 외치던 직원 목소리가 녹다운이다
땡! 종료다

그녀의 쇼핑 천국
화성인은 유통기한이 없다

이정표

우뇌 어디쯤에서 이정표를 놓친 걸까
오른쪽으로 머리를 돌릴 때마다 지구의
남과 북이 바뀐다
거대한 빙산이 절벽이 되는 회전 속에
내 머리통이 끼어 있다
어지러운 폭력에 잠은 화살처럼 날아가고
다스릴 수 없는 시력이 혼자 속도를 내며 돌고 있다
지상에 발이 닿지 않는 폭력
왼쪽으로 머리를 돌리자
돌던 시력이 가까스로 속도를 늦춘다

한곳을 일곱 번 돈 적이 있다
오른쪽 뇌가 선호하는 길을 가다가 놓치는 이정표
잠속에서 혼미해진다
병원에선 메니에르병이라지만
이건 한쪽만 보고 살아온 대가일지 모른다
지도 없이 사는 법에 아직도 익숙하지 못한 대가

구름 주머니

빈 주머니가 펼치는 주술은
마침내 구름까지 끌어당겼네
비어서 충만해지는 일이 발바닥을
가벼이 들어 올리고
허기진 주머니마다 빵빵하게 구름으로
채우고 심부름 가던 어린 시절
하늘 보고 뜯어먹던 솜사탕
먹어도 먹어도 배는 차지 않아
구름 주머니에 손 쑤욱 찔러 넣고
먹을 것을 만들어내던 환상 주머니
먼 길 가다 어지럼증 몰려오면
구름 휘장 안에 들어가 하얗게 누워 버리고
그늘 빠져나간 길바닥, 사람들 우우 몰려와
얼굴 노란 아이 내려다보는 한낮
심부름도 까마득히 잊어버린 헛헛한 날
흩어진 뭉게구름이 눈썹께로 바짝 내려오고
멍하니 부풀어 구름과 함께 떠오르던 아이
우주로 떠난 소연이, 소유스 로켓처럼

91게스트

고향은 탐색이 아니지
길과 담과 골목들이
꼬깃꼬깃 얽혀도 다 풀어낼 수 있으니까
눈 먼 햇볕과 엉긴 그늘과
숲과 강물을 뭉개는 안개도
척척 걷어내며 길을 낼 수 있으니까
햇빛 한 가닥 머리에 이고
소양강 언저리에 피다 숨은 안개꽃
5년 만에 와서 미로처럼
휘청이는 건 순전히 밀당
집인데 집이어선 안 되고
문인데 문이어선 안 되는 탐색
이 독한 고행이 골육이라는 미로라니
91게스트에 내 집처럼 들어가
몸을 누인다
따뜻한 주인이 건네는 모과차 한잔에
쓰라린 것들이 녹는 시간,
그래도 여긴 따숩다

불가마

저 뜨거운 숯불 아가리
고래 자궁처럼 펄펄 끓는 양수
마침내 양수가 보타진 어둑신한 내벽 속
쪼그라지고 굽은 삭신을 끌고
아낙네들이 들어선다
고래의 신화는 이곳에도 있다
허연 입천장에 매달린 고래 거품 같은 그스름
아낙들은 소금 차두 하나씩 무릎에 품고
뜨건 불가마에 앉아 시리고 찬 몸을 지진다
여기저기 안 쑤신 데가 없는 아낙들
뜨건 고래 자궁을 빌려서라도
다시 태어나기 위해,
짧은 생, 길게 살기 위해
고래 아가리 속 벌건 바다에
소금을 잔뜩 껴안고 바짝 엎드려 있다

접근금지구역

갈매기 군단들이 모여 있다
꾸르룩 꾸르룩 훈련이 한창이다
무기도 없이
튼튼한 부리가 창칼인 날개 무사들
멀리 날아야 적이 보인다
살이 통통한 대장 갈매기가
구호를 외치며 날아오르고
발가락으로 튀기는 왕모래, 맹훈련이다
철창 밖으로 총을 메고 가는 어린 병사들
순찰하던 눈빛이 갈매기 눈빛과 겹친다

오늘은 북한 병사 몇 명이
철책을 넘어 왔다 유유히 사라졌다 한다
포성 없는 긴장
추석 연휴로 고향에 온 사람들은
남북의 뉴스에 관심이 없고
갈매기들만 모여 저들끼리 훈련을 한다
유독 칼칼한 바람과

방파제를 넘는 파도만 뉴스보다 더 긴장이다
갈매기들 속에 섞여 독한 훈련이라도 받아야 할까
어깨 한쪽이 흠칫 바다 쪽으로 쏠린다
파도 한 자락 내 어깨를 치고 간다
바짝 달궈진 햇빛이 식고
어느새 북에 대한 경고가 식고
총알처럼 쏘는 파도의 언어
훈련이나 하고 가라는 갈매기들의 전언이
식은 내 머리통을 후려친다

쇠 발목

두 번 교통사고로
아버지는 양 발목에 쇠를 박으셨다
어디를 가든 한나절 돌고 와야
하루 품 한 거라는 아버지
그 쇠 발목 끌고 온 동네 누비신다
정수리 끝서부터 쇠 발목까지
벌겋게 술에 취하면
술이 끌고 들어오는 쇠수레
그 바퀴소리가 온 동네를 들쑤신다
불편한 딸이 불편한 심기로
쇠 박은 지 일 년이 넘었으니
쇠를 빼야 하지 않겠냐고 의사 말을 대신한다
어그적 어그적 걷던 아버지
구둣발로 냅다 땅바닥을 쿵쿵 치신다
뼈보다 더 단단한 쇠를 박았는데
이보다 더 튼튼한 다리가 어디 있냐고
하기사 이빨도 당신 혼자
뻰찌로 뽑는데 무슨 말 하랴

튼튼한 저 쇠 다리로 온 가족
들었다 났다 하서야지

독한 아버지 객기에 어머니 일찍 세상 떠나셨다
평생 재봉틀 다리 발바닥에 붙이시고

가만히 귀를 댄다

고요가 단단한 호두알이다
그 속을 들여다볼 수가 없다
산길을 가며 빈 강정 같은 맘을 달랜다
그들의 빈틈없는 언어
바람이 나무둥치 파는 소리와
새들이 허공을 쪼며 나는 소리와
낙엽을 밟는 소리가
빽빽한 산에 틈새를 만든다
그곳에 나는 가만히 귀를 댄다
적막을 캐면 캘수록 정금 같은 언어가 잡힌다

이따금 밑동 잘린 나무들이 누워 있다
산도 적당히 비워야 하는 것들이 있나 보다
제 몸 어딘가를 솎아줘야 가렵지 않은가 보다
나는 간격을 두고도 늘 간격이 두려웠다
밤새 온몸에 피가 나도록 격리를 긁었다
헐렁한데도 그 실속 없는 것들이
사유가 아니라 내겐 고집이었다

어디를 가지 치고 어디에 나무를 심을지
채우고 비우는 일을 산에서 배울까 보다

북극성

별은 빛의 그림자일 뿐
실체가 아닌 과거의 시간일 뿐
팔백 년 전 고려의 북극성에서 온
빛의 거리일 뿐
여정에 들어서기 전
멀리 뿜는 한숨일 뿐
끝도 없는 그리움이
멀리 에돌아 간 어떤 예감일 뿐
어디서부터 시작되는지도
모를 바람일 뿐
근원도 모를 궁창, 그 속의 미로일 뿐
떨어지기 직전, 나뭇잎이
잠깐 머금은 눈빛일 뿐
때죽나무 아래 수북이 쌓인 그늘을
밝히는 찰나의 별꽃일 뿐
밤하늘 쳐다보는 이들이 잠시 흘려 논
착시 같은 휴식일 뿐

제3부

눈물도 이젠 춤이다

바람이 우듬지를 세차게 흔든다
숲이 차례차례 오른쪽으로 쏠리고
하늘을 보던 나도 오른쪽 숲으로 쏠린다
동서남북이 바다라 바람이 주는 노래가 많다
노래가 커지면 춤이 되는 숲
소리가 노래로 되지 못한 나는
이곳에 와서야 겨우 노래 하나 찾는다
옹알이하듯 바람 소리를 따라 한다
평생 땅만 보며 걸을 줄 알았다
하늘 보기가 늘 민망했다

마음만 먹으면 사면으로 뚫린 바다가 통째로 춤이다
잃어버린 것들이 비로소 내게로 온다
바람을 따라가며 춤을 춘다
우듬지가 흔들리는 바다숲에서
가슴과 허파와 내장을 관통하는 노래를 부른다

눈물도 이제 춤이라는 걸 안다

느티나무의 걸음으로

낯선 곳에서 아는 사람을 만날 확률?
그래도 혹시나 하여, 옷깃을 세우고
눈 아래까지 목도리를 둘러쓴다
시간도 풍경도 걸음도 사유 한 치도
나누고 싶지 않은 자유를 얻기 위해
향방 없는 고아 행성이 되어
나만 돌 수 있는 거리를 확보하기 위해
그리고서야 삼백 년도 넘는 느티나무의 시간을
느티의 걸음으로 탐색할 수 있다
얼음 갑옷으로 어린 강을 껴안고 흐르는
어미 강 앞에 선다
오십 미터 눈 속에 푹푹 빠지며
느티라는 거대한 항성을 향해 간다
평생을 제자리에서 새끼 행성을 키워내 보낸 어미
빛과 어둠을 절반씩 몸에 담고
돌아오는 어린 행성들에게 쉼을 주고 다시 보내는 어미
온몸에 흰 불을 켜고 느티 어미에게로 나는 간다

내비게이션

내비는 삼 년 전 길을 선호한다
눈만 뜨면 새로운 길이 출몰하는데
미리 질려 돌아간다
연속 코너를 조심하세요, 만 골라다닌다
산만 넘으면 평지라는데
삼십 개의 령을 넘어도 목표는
더 멀어지기만 한다
내비의 속셈이 궁금하다
과속방지턱이 너무 많아 매너 모드를 찾는다
내비엔 연장 모드만 잡힌다
단축키 설정이 없다
끝이 보이지 않는 또 연속 코너다
'조심하세요' 목소리만 더 싱싱해진다

매 맞은 아이처럼

흰 나비 두 마리가
비 사이로 날아간다
비의 무게 잘도 빠져나간다
푹 젖은 바지가
어렵게 나를 끌고 가는데
나비 두 마리 뒷서거니 앞서거니
희롱하며 가는데
꺾어진 우산이 날개가 되지 못하고
물에 빠진 신발이 걸음이 되지 못하고
점점 세차지는 빗소리
집은 아직도 먼데
주머니는 텅텅 비었는데
매 맞은 아이처럼
빗물이 눈물이 되고
우산은 아예 뒤집어지고
그러다 본 나비의 날개,
보송보송 빛나는 저 가벼운 날갯짓

허구 한 마리

박경철의 『부자 경제학』을 읽다가
오르한 파묵의 『내 이름은 빨강』을 읽다가
김경주의 『나는 이 세상에 없는 계절이다』로 마감한다
시인의 길은 멀고 부자도 아득하고
소설은 사생아처럼 내 계절하고는 멀고
나는 하루종일 바람의 겉만 핥다가 두리번거린다
이것도 저것도 못되면서 나는 무엇이 되려고 하는 걸까
능선에 걸린 별이 과거의 별빛이듯
내 의식의 허구라는 벌레, 중심을 뚫지 못하고
책표지만 갉아 먹고 있다

허구 한 마리 내 안에 쑤셔 넣고 잠을 잔다
그 벌레가 뇌와 가슴과 발가락 사이를 비집고 다니더니
발아를 시작하는지 온몸에 뾰루지가 돋는다
꿈속에나 진실일 수 있는 것들
꿈 밖에서 나는 끙끙 앓는다
기도가 잠을 깨우고 근심은 여전히 눈 말똥말똥한데

사라의 정원

쪽창으로 스멀스멀 기어들어 온
바다가 정원을 적신다
바다가 꽃들을 만질 때마다 향이 터지는데
앞집 푸른 지붕이 저도 바다라고
출렁이는 걸 모르는 척하는 정오,
한나절 정원의 주인도
푸른 지붕도 모르게 들어온 나는
바다의 난장을 기꺼이 즐긴다
나눌 수 없는 저 거대한 몸들을
수평에 걸어두고도
무수히 흘러오는 푸른 몸들을 통째로 받는다

한순간에 바다가 되는 일들이 있다
낯설수록 푸르고 질긴
수평선을 온 시선으로
잡아당기는 내 안의 자석들,
작은 쪽창 하나만으로도 바다가
충만할 때가 있다

한라봉

늙은 해녀의 젖가슴이다
바람에 닳은 삭신들 끌고 올라가
한나절 능선에 누워
염기에 쪼그라든 유두를 말린다

산이 된 바다와
바다가 된 산에서 늙은 해녀가 산다
나달나달 닳아진 기다림 서너 조각
둥근 봉에 걸어놓고
달에 해가 가릴 때까지

바당 봉봉

지붕 위에 누워 바다가 하는 말을 듣는다
똑같은 소리 같아도 뱉고 삼키는 말,
올 때 갈 때가 다르다
반복의 언어일수록 비밀이 깊다
저 멀리 우도의 산호도
이따금 소리를 따라 하도리까지 온다
나도 바다가 내준 길이다
어둠이 내준 길도 때론 황홀임을
바다에게서 배운다
기다릴 수 있다면, 나직이
내려놓는 가난한 무릎이 있다면
바다가 쓸어주는 노래를 들을 수 있구나
목마른 날, 자작자작 비 내리듯이
바다는 봉봉, 지붕 앞까지 차오르고
나는 무연히 낮은 돌집 난간에 올라
간이의자에 눕는다
눈은 편히 바다에 내주고
납작한 지붕에 몸 다 주고

통째로 불러주는 바다 제 살 깨무는
소리에 한참 아득해진다
비로소 어제까지의 어둠이 어둠만이 아니구나
바다 끝에서 오는 푸른 한기를 노래로 받는다
그래, 나를 찢는 어둠이 바다 만큼일까
키를 높여 달려오는 파도는 내 앞에서 스러지고
바당 봉봉, 나는 더 크게 일어선다,
춤추듯이

* 바당 봉봉: 바다가 한껏 차오를 때를 말하는 제주 방언

산이 나를 넘긴다

1
발칙하고 싱싱한 눈이다
산의 시야를 통째로 가린다
내 시선이 산을 넘어본 적이 없는데
순간에 다 허상이 된다
실체를 단번에 문지르는 저 백색 허방
한 가지 색을 오래 본다는 것
그곳에 나도 문질러져 환상이 된다는 것
처음 싱싱하게 내가 사라지는 걸 본다
백색, 깊은 어둠 속으로

2
산이 통유리에 쫙 달라붙어 있다
유리에 가득 채워진 산은
제가 저를 그려놓고
미동 없이 방안을 들여다본다
거울을 보다 그 경대에 찍힌 산
반사되지 않는 내 실체가

적나라하게 들킨 날
나도 유리에 달라붙어 산을 늘
들여다보곤 했다

3
오늘은 산과 함께 눕는다
산은 온 **뼈**를 접고 내 옆구리로 들어온다
몇 번을 어지럽다 말해도
약 두 알 주는 병원보다 산이 더 영험하다
산은 멍한 나를 잘 읽는다
나는 수백 수천 페이지다
내가 나를 넘기다 지칠 때 산이 나를 넘긴다

골목 없는 7번 국도

한세상을 건너뛰고 싶은 이 중세
무등산 가지고도 모자라고
삼악산 가지고도 모자라고
설악산 가지고도 모자란
기어이 동해라도 뒤집고 와야
펄펄 다시 살아나는 생
계약이나 서명이 필요하지 않은
어떤 몰입도 광기도
한길에 내달려야 하는 야생성
퍼런 인광을 달고 무수히 오갈 수 있는 동해
닳아진 발길이 그 불빛에 닿아
생살로 돋을 수가 있다면
골목도 없는 7번 국도가
바다에 다 들키고도 여전히 살아남아
씩씩하게 밟히는 단단한 침묵이 된다면
한 달에 한 번씩이라도 달려와
너를 꼭 안아주고 싶다

마음의 거리

손을 뻗으면 닿지 않고
닿지 않으면 고통스러운
마음의 거리를 잡아당겨 지척에 둔다
이 땅에 사랑이 존재한다면
일 미터 밖이어야 한다
잡을 수 없음으로 잡혀지는 거리
닿지 말아야 함으로 겨우 닿을 수 있는 거리
사랑이 정녕 존재한다면
일 미터 밖이거나 일 미터 안이어야 한다는 낭설을
그대 들어본 적이 있는가
가본 적이 없는 섬처럼
사랑은 잔뜩 성에 낀 유리창 같다는 것을

아직도 공사 중

바다는 쉼 없이 파도 집을 짓고
나는 쉼 없이 시의 집을 짓는다
똑같은 파도는 없고
똑같은 시는 하나도 없다

두 아이가
바짓단 척척 말아 올리고
파도와 맞짱을 뜬다
물리지 않겠다고 경중경중 뛰지만
파도에 여지없이 깨진다
아이들도 알아챘는지 발 멈추고
모래집을 짓는다
머릴 맞대고 모래성 쌓아도
손이 긴 파도가 달려와 순간에 밑동을 부순다
아이들은 바다에 발길질
서너 번 하다 돌아서고 나는 어어 하다 웃고

승산 없는 게임은 어디에도 있다

계산이 끝났어도 달려들고 싶은 순간이 있다
시 붙들고 집 지은 지 이십 년이 넘었는데
아직도 공사 중이다
그래도 나는 파도와 싸우고 부실한 시와 싸운다
지는 싸움을 죽어라 하는 이유,
돌아서는 저 아이들에게서 배울까
아이들 종아리에 다닥다닥 붙은 모래
털고 털어도 집까지 따라가는, 그 바다에게서

고양이, 야생화

야생화 정원 한쪽
깊게 패인 구덕에서
고양이가 몸을 풀었다
가끔 생선 몇 토막 던져준 것이
유대감이라면 유대감일까
관심 이쪽저쪽 겨를도 없이
갑자기 불어난 고양이들
그 울음소리가 괭이갈매기처럼
아파트 허공을 날아다닌다
야성의 울음소리에
야생화들도 덩달아 새끼를 불린다
뜨락은 맘껏 엉크러지고
고양이들은 숨을 곳이 많아
야들야들 속을 썩이고
속 썩이는 거름은
야생화 밥이 되고
고양이가 밟는 화분 깨지는 소리
옆집 피아노 소리가 늘 숨겨주고

슬금슬금 약 오르는 날들이 계속 되고
환한 상처와 깨진 햇빛들이
오글오글 시끄러운 오후에

서로의 벽

밤 12시가
사내를 데리고 무심히 나선다
한 며칠 바람이 서로의 벽이어서
못 듣는 귀처럼 모른 체했다
서로의 살이 닿을수록 더부룩해지고
겹겹 껴입은 옷처럼 불편해져도
불어터질 입이 없다는 것
그녀는 언제부턴가 눈이 사라졌다
그녀는 항상 그 자리에서
시계를 보고 묵은쌀을 안치고
가끔 한숨을 데리고 놀았다
벌떡 일어나 무작정 달려나가곤 하던 때가
얼마쯤 그립기도 했지만
그것조차 희망의 실마리여서
아예 실타래를 싹둑 잘라버렸다

전화벽 속에 든 사내 목소리엔
시작도 하기 전에 단절이 묻어 있다

그녀는 듣고 싶은 대답을 포기한다
거짓말도 뒷모습도 침묵까지도
답이라는 걸 그녀는 너무 늦게 알았다
무모하리만큼 믿음은 그림자에 불과하다

상추

산행하다 오는 길에
남의 밭에서 상추 여섯 장을
뜯어와 밥을 먹는다
그 밭의 주인에겐 이미 며칠 전에
가끔 당신의 밭 가상이를
조금씩 뜯어갈 거라고
귀띔해두었다
상추 한 장에 밥 한 덩이씩 말아 놓고
여섯 번 쌈 싸먹는 사이
미워하던 사람이
여섯 토막이 되어
내 입속으로 들어간다
아작아작 입안에서 잘게 부서지는 설움
오랜만에 진득한 울음이 입안에 고여든다

제4부

배후

거미의 허기가 그물에 걸린
찢어진 벌의 날갯짓에 멈춰 있다
날개가 퍼덕일 동안
허기를 다독이는 저 교활한 배후,
한참 그 독한
정적을 노려보다
내 속에 여러 갈래로 얽힌
잔인한 그물을 읽는다
누구에게나 들키고 싶지 않은
깜깜한 정적이 있다

측백나무 그늘을 끌고

측백나무 빽빽한
터널 사이로 말들이 논다
뛰다 걷다 하는
얼룩말이 무성한 잎 같다
하늘로 다리를 내고
햇빛 달빛 별빛까지 걸러
간간 떼거리로 몰려와
우듬지에서 노는 까마귀에게
밥으로 몸을 내주는 측백나무
드센 바람도 제 속도에 브레이크를 밟고
빠져나갈 수 없어 뒤돌아서는 벽,
거대한 방풍림
나는 갑자기 차에서 내려
낙서를 하고 싶어진다
내게도 밥을 달라고
수평 이동한 내 허기진 밥그릇에
끝나지 않을 그늘을 담아가게

수평과 수직을 잇는
측백나무 그늘을 끌고
하늘에 푸른 길 하나 내고 싶다

백색 그림자

거머리처럼 달고 다니던
그림자를 떼어내고 나선다
그림자는 피를 흘리지 않아서 좋다
따라나서는 습관의 습관은
악마성에 더 가까워서 질기고 질기다
그는 배려도 위로도 염치도 없다
눈 쌓인 강변 쪽으로 발이 나선다
눈 위에서 증발될 그림자도 없으니
발바닥은 가볍고 투명하다
얼음 사이로 물소리가 조심스럽다
혹한을 견디느라 갑옷을 두르고 흐른다
얼음을 껴입은 물속의 물도 그림자 없이 떠간다
갈퀴 없이 나선 내 발바닥이 오늘은
어딘가로 하얗게 증발할 것 같다
질긴 습관이 따라 붙지 않는다면
오늘은 갈 데까지 가볼 참이다
다시 돌아가려는 관성을 발로 차는 일

내 몸 절반을 녹여서 강물에 주고 싶은 일
강물의 백색 그림자가 되어 물의 굳은살이 되어
저 강을 무연히 건너고 싶다

문장은 중립

1
오랜만에
누옥에 찾아온 손님
서둘러 반가울 수 없어
천천히 문빗장 열었으나
온기 없는 냉골이다
아궁이에 불 넣고
구들장 달궈도 여전하다
너무 오래 비워둔 문장의 방
가끔은 골방에 불 넣을 일이다
아궁이 가마솥에
설설 끓는 물소리 한 번씩 들을 일이다

모처럼 원고 청탁을 받고
냉한 머리를 쥐어뜯는다
문장 하나 뎁힐 수 없는 방
너무 오래 빈방에 갇혀 있었다

2
문장은 중립이다
흐르는 것들은 다 중립이다
기어가 없는 산과 강과 들녘들로 나간다
정처 없이 떠도는 문장처럼
주차할 곳이 없어 허둥대는 시어처럼

고작 3%?

죽고 사는 건 고작 3%래
바다가 죽지 않는 이유도
겨우 3%의 염도
사막이 그대로 사막인 이유?
3%의 비겠지
우리의 평화가 아직도 유지되는 까닭
3%의 기도
나와 너의 배반과 상처가 산처럼 쌓여도
여전히 살아가는 것
3%의 연민이나 추억 아닐까?
먼 섬으로 유배된 나는
늦은 밤, 깜깜한 잠속으로
들어설 수 없는 나는
겨우 보이는 밤바다에 당도해 숨을 내쉰다
검게 출렁이는 3% 파도의 빛,
그 바다의 불면에 취해 함께 동지애를 태운다
어찌 보면 살 수 있는 조건은
3%일지도 모른다

삶의 97%를 버티게 하는 3%의 광기인지도

베두인

나누는 것도 죄인
사막에서 베두인들은
낡은 낙타 가죽으로 만든 북을 치며
춤과 노래를 거저 퍼주고 있다
모래처럼 그들이 흘려주는
웃음과 친절
근으로 떠서는 팔 수 없는
마냥 순정한 배려의 의식
너무 쉽게 줄 수 없는 것들 때문에
등을 돌리거나 푸념하거나
쉽게 포옹하기도 하는 모닥불의 밤
모래처럼 너그럽고
때론 칼칼하고 까다로울 수 있어야 생이라고
사막은 우리에게
넌지시 모래바람으로 말한다
보기에 아름다워도 단단히 세워
기둥을 만들 수 없는 석회암처럼
차라리 황량하고 메마른 대지

여우도 전갈도 길을 잃어
기웃거리며 가시나무 둥지를 파는 사막
베두인의 천막에서 간신히 하루를 빌린 새벽,
썩은 음식이라도 염탐하는 붉은여우 눈빛을
먼발치에서 더듬는다

밟혀서 좋은 것들

폭설이 나를 밟고 간다
무작위로 넘나드는 수평 수직의 세례들,
하얀 폭력이 털모자 속까지 쳐들어와 난타다
밟혀서 좋은 것들이 있다는 것
먼 길이, 발가락이 얼어가는 길까지 따라와

자근자근 나를 뭉개는 걸 즐기며 그렇게 사진 한 컷!
미끄러지고 진창인 길들이 던지는 짓궂은 난장도 한 컷!
온통 온기로 둘러싸인 그대는 알까?
제주의 라라 같다고 그대는 말했지만,
왜 나를 사랑하죠? 라라가 물었을 때
당신이 오류의 인간이기 때문이오, 라는 지바고의 대답
오류 아닌 인생이 어디 있으랴
라라의 심연은 통째로 비애라는 걸…
춥고 뻐딱한 것들이 끌어당기는
처절하게 아름다운 영하 50도의 사랑!
꽝꽝 얼어야 사랑이다
더 이상 할 말이 없는 사랑이 사랑이다

어디까지라도 가보자는 오기를 끌고 폭설을 간다
30년 만에 처음이라는 제주의 폭설!
온몸이 비애 덩어리가 아니면
한 발자국도 움직일 수 없는 길들이
하얗게 해체되어 내게로 온다

그늘 서너 평

서늘이라고 했다
제목이 좋아 장시를 순간에 읽는 것처럼
지명이 좋아 그곳에 가까스로 다달았다
가보니 서늘이 아닌 선흘이었다
소리 이전의 선흘이 서늘이 되었으려니
소리보다 그 이전의 것들이
더 아릿해질 때가 많은 것처럼
가보는 것보다 가기 전의 상상이
더 아름다운 것처럼

작은 땅 한 떼기 얻고 싶었다
서늘한 그늘 서너 평과
햇빛 쨍하게 드는 마당 서너 평
시 한 편과 바꿀 수는 없겠지만
맘 편히 눕고 일어서던
집 잃고 나서야 알았다
나만의 방이 건네준 안식을
쉬이 대접한 죄가 얼마나 큰 지를

뚱뚱한 고양이

잠이 많을수록 잘 사는 거라고
열아홉 시간을 잠에 퍼붓는 꿈을 꾸는 아이
단숨에 밥 먹듯 꿈을 꿈 밖으로 나르는 아이
뚱뚱한 고양이가 쪽문을 넘어뜨리며
잠자러 오는 걸 때론 기다리는 아이
설설 끓는 가마솥 옆에서 납작하게 퍼져
김과 섞여가는 고양이를 늦도록 보는 아이
가릉가릉 흙벽이 숨 쉬는 소리로
고양이는 부뚜막과 잠들어도
혼자 늦도록 춤추는 늙은 아이
잠이 올 때까지 춤을 멈출 수 없어
밤새 마당을 돌며 별이 되는 아이

산고래 아가리에

산 바다에 들었다네
턱 밑까지 가서 쳐다보니
산은 고래 배 속이었네
산 아가리에 나는 이미 삼켜져 있고
숲 깊숙이 흘러들어 급물살을 타고 있었네
누가 산이 고래인 줄 알았겠나
고래 뼈들은 빽빽한 터널이어서
여기저기 걸려 나를 넘어지게 하더군
웬 걸, 뜨거운 물에 빠지고 말았네
오색온천이라는 간판 속으로 말이지
푸른색, 회색, 다홍색, 황갈색, 붉은색 오색 빛깔로
짜릿하게 내 몸을 달구더군
탄산음료처럼 내 몸에 기포가 생기더니
쿨렁쿨렁 몸은 파도가 되고
입구도 모르게 삼켜진 출구는
아무리 요동해도 비상구도 못 찾겠더군
그리곤 갑자기 장대비가 오는 거야
그제야 산고래가 구불구불 몸을 흔들더군

울컥 속이 뒤틀렸는데 찰나에 내가 어딘가로 토해졌지

산은 이제 바라보기로 했다네
바다와 산이 함께 있는 곳에선
바다를 택해야 한다는 걸 알았지
다 열려 있으니까 고래에 물릴 까닭이 없으니까
그냥 수평선 끝에 시선을 단단히 매달아 놓으면 되니까

머릿속을 뒤진다

머리카락 수초 사이로
투명한 빙어 몇 마리 솟구친다
엄지와 검지로 찰나에 잡아챘으나
매끄럽고 가는 몸, 검은 수초 사이로
잽싸게 숨어버린다

간이역인 도서관 한 모서리가
소리 없이 출렁이도록
책에서 빠져나오는 문자들이 바닥으로 쏟아진다

잠 좇느라 침 흘린 거울 속에서
반짝이는 빙어 몇 마리 본 것인데
젊은 학생들 속에 낀 늙은 학생인 나는
허옇게 빛나는 머리카락만 눈에 들어온다

조용한 것은 치명적이다
빽빽한 문자가 눈에 들어오기도 전에
머릿속이 득득 가렵다

엄지와 검지가 연신 머릿속을 뒤진다

쪽빛으로 물들여지다

염색 체험은 어떤가 하여
용소마을 쪽으로 몸을 늘였다
가래떡처럼 구불구불 길이 뽑혀 나올 때마다
떡 생각이 나고 주전부리 하나 없이
서너 시간을 헤매고서야 흙집을 찾을 수 있었다
댓돌 위엔 고무신 서너 짝이 제멋대로 뒹굴고
마당까지 올라온 계곡 물소리가
주인 대신 인사를 받았다
그냥 돌아서기 뭣해 빈 툇마루에 걸터앉아
무연히 산과 계곡을 바라보는데
지천으로 고운 물과 산과 하늘이
마을과 길과 아이들을 물들이고 있었다
주인은 이미 알았는지 모른다
사람의 염색이 얼마나 초라한 것인지를

앉아있는 내내 나도 쪽빛으로 물들고 있었다
 하늘과 산과 계곡이 제 몸에 나를 넣고 주물주물 우려
냈다

수백 번 헹궈도 빠지지 않는 천연염색으로
그렇게 물들여져 나는 햇빛 마루에서 천천히 마르고
있었다

벽과 벽 사이

문을 잠그고 잔다
나를 잠그는 상징치곤
다소 유치하지만
그 유치마저 잠그는 법을 몰라서
방을 통째로 잠근다
발소리가 숨소리를 따라오고
심장박동이 오르락내리락 끓어오르고
벽에 붙은 시계와 액자들
천장에 닿은 책들까지 내 잠을 들고
도리깨질하는 벽 이쪽
나는 벽을 무서워하는가
벽과 벽 사이를 무서워하는가
벽에 박힌 못을 무서워하는가
내가 박힌 방을 무서워하는가
방을 맘대로 해체하고 벽을 타고 넘는
잠을 무서워하는가
그 벽의 상징을 무서워하는가
너무 오래 갇혀있다 보니

내가 벽이 되어 있는 걸 무서워하는가
벽은 구멍이 아닌데
벽은 피난처가 아닌데
벽은 안전지대가 아닌데
벽은 상상도 아닌데
벽은 은유도 아닌데
벽은 피 흘림도 십자가도 아닌데
벽은 달밤에 홀로 서서 부르는 노래도 아닌데

대패질

바다가 고르지 않다
울퉁불퉁한 물결마다 대패질이다
뒤로 물러섰다가
다시 파도로 밀고 들어와
거품 톱밥을 잔뜩 쌓아 놓는다
하기야 일은 있어야지
놀고먹는 백수보다야 낫지
해도 해도 밀리는
시시포스의 생이라도
놀고먹는 생보다는 낫지
바다 정수리에서
바다 발가락까지 허구한 날
대패질이라도 할 수 있다면
그것이 가족 밥줄이 될 수 있다면
무서울 거 없지
오늘도 바다는 열심히 일하는데
밀고 갔다가 되돌아와 고르게 물결 펴는 일
그 일 보면서 사는 일이 결코 거품이 아님을

바다에서 배우지

해설

바닷길을 따라 시의 집으로 가다

이형권(문학평론가, 충남대학교 교수)

바다는 쉼 없이 파도 집을 짓고/나는 쉼 없이 시의 집을 짓는다/똑같은 파도는 없고/똑같은 시는 하나도 없다
— 정영주, 「아직도 공사 중」 부분

1

이 시집을 읽고 나니, 내 기억의 저장소에는 바람 부는 푸른 바다가 넓고 넓게 펼쳐진다. 그곳에는 세상에서 받은 상처와 병증으로 고뇌하는 한 시인의 생애가 파도처럼 일렁인다. 그 주인공인 정영주 시인은 1999년 서울신문 신춘문예로 등단하고, 그동안 『아버지의 도시』(실천문학사, 2003), 『말향고래』(실천문학사, 2007), 『달에서 지구를 보듯』(천년의시작, 2013) 등의 시집을 발간했다. 이들 시집은 시인 자신의 내면에 대한 깊은 성찰과 세상을 향한 예리한 비판 정신을 다양한 소재와 독특한 어법으

로 형상화했다. 이들 시집의 시에서 특이한 것은 관념의 구체화라는 일반적인 시법뿐만 아니라 구체의 관념화라는 개성적인 시법을 자주 보여준다는 점이다. 어쨌든 시적 상상의 근거는 시인의 내면세계와 외부 세상인데, 그 내면은 일차적으로 불행한 가족사에서 비롯된 마음의 상처와 관계 깊고, 그 세상은 악화가 양화를 구축하는 듯한 가식적이고 속악한 현실을 의미한다. 물론 이들 내면세계와 외부 세상은 불가분의 관계를 유지하면서 한 편의 시를 교직하게 된다.

시인이 겪었던 유년의 상처는 이전의 시집들에서 자주 얼굴을 내밀었는데, 이 시집에서도 빈도는 높지 않지만 아직도 시적 상상의 상수로서 기능한다. 가령 "아비가 바다에다 버리라는 나는/아비를 잡아가라고/바다에 악을 썼던 그 깜깜한 날들,/소금 같은 비명을 기억한다"(「소금 같은 비명」)고 한다. "소금 같은 비명"은 다른 사람도 아닌 "아비"로부터 자신의 태생을 부정당한 "나"의 쓰라린 내면세계를 드러낸다. "나"가 겪은 마음의 상처는 "소금"을 뿌린 듯이 쓰라리다. 그리하여 "나"는 "바다"를 향해 "아비를 잡아가라"고 외치면서 아버지에 대한 부정 의식을 드러낸다. 더구나 "독한 아버지 객기에 어머니 일찍 세상 떠나셨다/평생 재봉틀 다리 발바닥에 붙이시고"(「쇠 발목」)에 드러나듯, "아버지"는 "어머니"를 고단한 노동과 죽음으로 몰아간 "객기"의 인생을 살았던 분이다. 시인에게 "아버지"는 그 누구보다도 아픈 상처를 가져다 준 존재인 것이다.

상처는 깊어지면 병증으로 나타난다. 정영주 시인에게 병증은 노년으로 접어드는 과정에서 나타나는 자연스러운 일이지만, 그것은 그동안 살아온 삶의 이력과 매우 밀접한 관련을 맺는 것이다. 따라서 그녀의 병증을 이야기할 때는 앞서 말했던 상처를 떠올리지 않을 수 없다. 이를테면 시인은 "메니에르병에 시달린 지 오래되었다/한 번 어지러울 때마다 내가 불어난다/두 개로 세 개로 열 개로/그 허방에서 실체를 찾는 일이 어려워진다"(「내가 또 있다」)고 고백한다. 병증으로 인해 자기 정체성("실체")의 혼란을 겪고 있는 상황을 묘사하고 있는 대목이다. 그러나 병증을 자아 인식의 계기로 삼기도 한다. 즉 "번쩍 눈을 떠보니 의사들이/내 몸을 거꾸로 돌리고 있더라구/몸의 허방이 잠깐 궁창이 된 거지/거꾸로서 봐야 빠져나간 것들이/무엇인지 알 수가 있지"(「세반고리반」)와 같은 부분이 그렇다. 이때 병증은 살아오면서 상실한 것들("빠져나간 것들")을 인식하는 계기가 된다.

상처와 병증, 그것은 정영주 시인을 괴롭히는 것들이지만, 동시에 시적 상상을 매개하는 아이러니한 존재들이다. 그러나 그것들이 시상의 기반이 되기 위해서는 그

것들을 시적으로 승화해줄 어떤 대상과 결합시키는 과정이 필요하다. 그 대상 가운데 이 시집에서 가장 빈도 높게 나타나는 것은 "바다"와 "시(쓰기)"이다. 이때 "바다"는 시인이 살아가는 삶의 배경이자 시상의 배후라고 할 수 있다. 이 시집에서는 "시(쓰기)"가 직접 시적 대상으로 취택되는 경우도 자주 드러난다. "시(쓰기)"의 근원을 탐구하는 메타적 상상을 통해 인생의 의미를 인식하는 시편들이 적지 않다. 하여 이 시집의 주인공은 비유컨대, '바다의 길을 지나 시의 집으로 가는 사람'이다.

2

바다는 이 시집에서 빈도 높게 등장하는 지배적 소재이자 중심 이미지이다. 정영주 시의 특성은 바다의 상상력이라고 이름을 붙일 수 있을 만큼 바다와 매우 밀접한 연관성을 보여준다. 그녀가 바다를 자주 호명하는 것은 그녀가 실제로 바다와 함께 살아가면서 시적 상상의 날개를 펴온 사실에서 비롯되는 것이라 할 수 있다. 이 시집의 여러 시편들에 암시되어 있는 대로, 그녀는 바다를 생활의 공간이자 여행의 공간, 그리고 사유의 공간으로 전유하곤 한다. 바다는 무엇보다도 시인이 고통스럽게 품고 사는 상처와 병증을 위무해 주는 긍정적인 역할을 하는 존재이다. 그래서 시인은 바다와의 일체적 존재라는 사실을 기꺼운 마음으로 긍정한다.

>바다가 내 밥그릇에
>수저를 넣는다
>제 그릇 다 비우고
>그 큰 아가리에 내 밥을 퍼 넣는다
>걸태질하듯 밥 한 공기 뚝딱 해치우고
>그 시절 빚 다 갚으라고
>주야장천 바다에 와서
>아침저녁 끼니 가져간 것
>이제 다 돌려주라고 내 밥그릇에 손을 내민다
>새벽에 바다에 나가면 미역과 다시마
>긴 막대낚시에 걸려드는 새끼숭어와 놀래미
>하루 세끼 밥이 소원이었던 내게
>바다가 내주던 양식
>이제 그 빚을 갚으라고 앙당거린다
>오늘은 내가 차려 논 식탁에
>바다와 겸상을 한다
>푸진 하루다
>―「바다와 겸상하다」 전문

이 시는 "바다"에 대한 고마움을 전한다. 시의 앞부분에서 "바다가 내 밥그릇에/수저를 넣는다"는 발상은 흥미롭다. 이 시의 특기성은 "바다"를 의인화하여 인격을 부여하고 있다는 사실에서 출발한다. 사실 일상에서 남의 밥그릇을 앞에 두고 "겸상"을 하는 일은 무례한 일이다. 그러나 어린 아이와 엄마가 서로의 밥그릇에 수저를 넣는 일처럼, 그것은 아주 가까운 사이에서는 충분히 용인이 되는 자연스러운 일이다. 이 시의 "나"와 "바다"의 관계도 그와 비슷하다. 지금 "바다"가 "내 밥그릇에 수저를 넣는"일은, "내"가 이미 "주야장천 바다에 와서/아침저녁 끼니 가져간" 사실이 있기 때문에 어색하지 않다. "바다"는 "하루 세끼 밥이 소원이던 내게" 일용할 양식을 주었으니, "이제 그 빚을 갚으라고 앙당거리"는 것이 조금도 불편하지 않다. 오히려 "내가 차려 논 식탁"으로 그 빚을 조금이나마 갚을 수 있으니 즐거운 일이다. 하여 "바다와 겸상을 하"는 날은 "내" 마음이 풍요로워지는 "푸진 하루"일 수밖에 없다. 그것이 비록 "바다"에 고마움을 전하고 싶은 마음의 상징적인 행위일지라도.

  정영주 시인이 바다와 겸상을 할 정도로 바다와 일체적인 삶을 살아올 수 있었던 것은, 그만큼 바다가 자신의 삶에 드리운 수많은 우여곡절을 함께 해 주었기 때문이다. 배가 고플 때 바다는 풍요로운 먹거리를 제공해 주고, 마음이 괴로울 때 바다는 너른 포용심으로 위안을

베풀어주곤 했던 것이다. 더구나 바다는 자아의 정체성을 구성해 주는 것으로서의 가치를 지니는 것이기에 더욱 소중한 존재이다.

> 지붕 위에 누워 바다가 하는 말을 듣는다
> 똑같은 소리 같아도 뱉고 삼키는 말,
> 올 때 갈 때가 다르다
> 반복의 언어일수록 비밀이 깊다
> 저 멀리 우도의 산호도
> 이따금 소리를 따라 하도리까지 온다
> 나도 바다가 내준 길이다
> 어둠이 내준 길도 때론 황홀임을
> 바다에게서 배운다
> 기다릴 수 있다면, 나직이
> 내려놓는 가난한 무릎이 있다면
> 바다가 쓸어주는 노래를 들을 수 있구나
> 목마른 날, 자작자작 비 내리듯이
> 바다는 봉봉, 지붕 앞까지 차오르고
> 나는 무연히 낮은 돌집 난간에 올라
> 간이의자에 눕는다
> 눈은 편히 바다에 내주고
> 납작한 지붕에 몸 다 주고

통째로 불러주는 바다 제 살 깨무는
소리에 한참 아득해진다
비로소 어제까지의 어둠이 어둠만이 아니구나
바다 끝에서 오는 푸른 한기를 노래로 받는다
그래, 나를 찢는 어둠이 바다 만큼일까
키를 높여 달려오는 파도는 내 앞에서 스러지고
바당 봉봉, 나는 더 크게 일어선다,
춤추듯이

—「바당 봉봉」 전문

 이 시의 배경은 제주 바다이다. 시의 제목인 "바당 봉봉"은 시인이 각주에서 밝힌 대로 '바다가 한껏 차오를 때를 말하는 제주 방언'이다. 이 시에서 "나"는 "바다"가 잘 보이는 "지붕 위에 누워 바다가 하는 말을 듣는" 사람이다. "바다"가 "나"에게 전하는 말은 파도가 그러하듯이 "반복의 언어"이다. 그런데 "반복의 언어"라고 해서 항상 똑같은 것이 아니라 조금씩은 다르다. 그런 "언어"는, 똑같은 것 같지만 조금씩은 다른 다양한 인생의 국면들마다 그에 어울리는 위안을 제공해 주었다. "반복의 언어일수록 비밀이 깊다"는 것은 그런 뜻을 지닌다. "나"의 삶이 이처럼 세세한 국면마다 "바다"와 함께 해 왔으니 "나도 바다가 내 준 길이다"라고 말할 수 있는 것이다. 그 인생"길"에는 밝음과 어둠이 교차할 터, "나"는 "어둠에 내준 길도 때론 황홀임을/바다에게서 배운다"고 고백한다.

"바다"는 "어둠" 속에서도 멈추지 않는 파도처럼, "가난"과 같은 삶의 어두운 국면에서도 삶의 의지를 갖도록 가르쳐준 존재이다. 특히 시의 후반부에 제시된 어둠 속의 "바다"가 그런 역할을 한다. "나"가 어둠 속에서 "돌집 난간에 올라/간이의자에 눕는다"는 행위는 "바다"와 마음의 소통하기 위한 것이다. 어둠 속에서도 밀려오는 바닷물 소리를 들으며 "나"는 "비로소 어제까지의 어둠이 어둠만이 아니구나/바다 끝에서 오는 푸른 한기를 노래로 받는다"는 인식에 닿는다. "나"는 밤바다와 오랜 시간을 함께 하면서 비로소 "푸른 한기를 노래로 받는" 역설적 삶의 지혜를 얻은 것이다. 마치 어두울수록 선명한 파도 소리, 어두울수록 빛나는 별빛처럼, "나"는 가난과 고통이 클수록 그 극복의 보람이 큰 인생의 가치를 생각해 보고 있다. 그리하여 "키를 높여 달려오는 파도는 내 앞에서 스러지고/바당 봉봉, 나는 더 크게 일어선다"고 말할 수 있는 것이다. 이때 "바다"는 "춤추듯이", "나"의 모든 고통을 승화시켜주는 몸짓이자 맘짓이 된다. 즉 "마음만 먹으면 사면으로 뚫린 바다가 통째로 춤이다/잃어버린 것들이 비로소 내게로 온다"(「눈물도 이젠 춤이다」)고 할 수 있는 것이다.

사정이 이렇다면 정영주 시인에게 바다는 운명이다. 즉 "도무지 늙지 않는 바다/그 바다에 손 잡히면 도망갈 수가 없다"(「늙지 않는 바다」)는 운명에서 자유롭지 못하다. 그 운명을 기꺼이 받아들일 수밖에 없는 이유는 앞서의 시편들에서 드러났듯이 "바다"는 그녀에게 하나 된 삶이자 스승이기 때문이다. 다른 시에서도 그러한 인식이 드러난다. 즉 "한순간에 바다가 되는 일들이 있다/낯설수록 푸르고 질긴/수평선을 온 시선으로/잡아당기는 내 안의 자석들,/작은 쪽창 하나만으로도 바다가/충만할 때가 있다"(「사라의 정원」)고 한다. 또한 "오늘도 바다는 열심히 일하는데/밀고 갔다가 되돌아와 고르게 물결 펴는 일/그 일 보면서 사는 일이 결코 거품이 아님을/바다에서 배우지"(「대패질」)라고 노래한다. 뿐만 아니라 바다는 "기어이 동해라도 뒤집고 와야/펄펄 다시 살아나는 생/계약이나 서명이 필요하지 않는/어떤 몰입도 광기도/한길에 내달려야 하는 야생성/퍼런 인광을 달고 무수히 오갈 수 있는 동해"(「골목 없는 7번 국도」)처럼, 야생의 생명력이 살아있는 곳이다.

시인은 평생 "지척에 바다를 두고 마음을 달랬다"(「제주 일기」)고 할 정도로 "바다"와 근친의 관계이다. 심지어 "바다라면 광기도 부족한 나는/비의 세례만으로도 이리 충만하다"(같은 시)에서 고백하듯이, "바다"를 광적으로 좋아하는 사람이다. 그런데 이러한 "바다"의 상상력은 자연이나 우주와 같은 더 넓은 범주로 확장성을 띤다. 이를테면 "몇 번을 어지럽다 말해도/약 두 알 주는 병원보다 산이 더 영험하다/산은 명한 나를 잘 읽는다/나는 수백 수천 페이지다/내가 나를 넘기다 지칠 때 산이 나를 넘긴다"(「산이 나를 넘긴다」)에서 "산"이 그러하다. "산"은 바다처럼 "나"의 삶을 치유한다. 또한 "달이 진통 없이 물속에 알을 낳는다/단번에 꼭 저만한 새끼 하나를 툭 떨어뜨린다/아름다운 것들은 산고도 없다"(「물속에 알을 낳는다—밤, 명옥헌에서」)에서 "달"의 상상력이 그러하다. 순수한 자연은 절대적인 아름다움의 존재라는 것인데, 이러한 상상력은 우주로까지 나아간다.

> 산이 통째로 날아오른다
> 거대한 붕새가 된 산
> 눈발은 멈출 줄 모르고
> 산의 정수리로 하얀 탑을 쌓지만
> 무거울수록 가벼워지는 산
> 산이 폭설을 끌고 함께 날아간다
> 무수한 붕새의 깃털들이 하늘을 덮는다

겹겹의 옷을 입고 산에 오른다
지팡이 날개를 잡고 백색 미로를 오른다
발밑이 하얀 수렁이다
푹푹 빠져드는 깃털의 경계
무너진 발의 수칙을 버리니 그대로 하늘이다

바라보는 것이 몸이 되는 일
한순간 몸이 다 비워져 허공이 되는 일
그 폭설에 묵묵히 들어온 우주와 하나가 되는 일

무작정 산에 들어
그 형형한 눈빛에 눈을 맞추기만 한다면
산이 붕새가 되어 하늘로 오르는 일이
결코 전설이 아니라는 걸 안다

—「겨울 산」 전문

  이 시에서 "겨울 산"은 "거대한 붕새"에 비유된다. "붕새"는 『장자』의 「소요유」 편에 등장하는 상상의 새로서 날개의 길이가 몇 천 리가 된다고 한다. "겨울 산"에 눈이 내리는 모습을 보면서 "무수한 붕새의 깃털들이 하늘을 덮는다"고 연상한다. 하얀 눈으로 인해 산과 하늘이 하나가 된 모습을 보면서, 산이 "붕새"가 되어 날아가는 모습을 상상하고 있는 것이다. 이때 "붕새"가 멀리 날아가는 것은 인간의 현실적 욕망에서 자유로워지는 일을 의미한다. 여기서 중요한 것은 산에 눈이 무겁게 쌓이는 것을 보면서 "무거울수록 가벼워지는 산"의 모습을 발견하고 있다는 점이다. 이 역설은 "무너진 발의 수칙을 버리니 그대로 하늘이다"는 시구에서도 반복된다. "발의 수칙"은 현실 원칙일 터, 이 시의 주인공은 눈 내리는 "겨울 산"에 와서 현실의 욕망을 버리면서 정신적으로 더 큰 세계를 발견한 것이다. 그래서 "겨울 산"에 올라서는 것은 "한순간 몸이 다 비워져 허공이 되는 일"이자 "우주와 하나가 되는 일"이다. 이 "우주"적 통찰은 눈 내리는 "겨울 산"의 이미지와 함께 흥미롭게 다가온다.

3

상처와 병증에 시달리던 시인이 바다의 길을 지나 궁극으로 도달하고자 하는 곳은 시의 집이다. 가령 "바다는 쉼 없이 파도 집을 짓고/나는 쉼 없이 시의 집을 짓는다"(「아직도 공사 중」)는 시구는 그러한 지향을 드러낸다. 이 시구에서 시의 집은 바다의 길에서 만난 삶의 상처와 병증을 성찰하고 승화하는 과정을 의미한다. 이때 시는 하나의 문학 장르 이상의 가치를 지니는 것으로서 고달픈 현실의 삶을 위무하고 승화하는 행위 일체를 상징

한다. 시의 집은 그러한 행위가 이루어지는 상징적 세계이다. 문제는 그러한 세계에 도달한다는 것은 지난한 고통의 시간을 동반하는 일이다. 아니 어쩌면 평생을 그러한 세계에 도달하고자 하는 열망으로 살아갈지 모를 일이다. 그러나 그 열망 자체가 현실의 상처와 병증을 치유해 주는 효과를 갖게 마련이다. 현실 너머를 지향하는 열망은 그 자체가 현실 극복의 모멘텀으로 작용하기 때문이다. 시집에는 그러한 열망의 표현이라 할 수 있는 시 쓰기와 관련된 시편들이 빈도 높게 등장한다.

   1
   오랜만에
   누옥에 찾아온 손님
   서둘러 반가울 수 없어
   천천히 문빗장 열었으나
   온기 없는 냉골이다
   아궁이에 불 넣고
   구들장 달궈도 여전하다
   너무 오래 비워둔 문장의 방
   가끔은 골방에 불 넣을 일이다
   아궁이 가마솥에
   설설 끓는 물소리 한 번씩 들을 일이다

모처럼 원고 청탁을 받고
냉한 머리를 쥐어뜯는다
문장 하나 덥힐 수 없는 방
너무 오래 빈방에 갇혀 있었다

2
문장은 중립이다
흐르는 것들은 다 중립이다
기어가 없는 산과 강과 들녘들로 나간다
정처 없이 떠도는 문장처럼
주차할 곳이 없어 허둥대는 시어처럼
—「문장은 중립」 전문

   이 시는 "모처럼 원고 청탁을 받고" 오랜만에 시 창작을 하는 데서 부딪치는 어려움을 노래하고 있다. "너무 오래 비워둔 문장의 방"에 "오랜만에 누옥에 찾아온 손님"은 시를 의미한다. 이 시구에는, 모든 시 창작의 과정이 실타래 풀리듯이 쉽게 이루어지는 것은 아니라는 시인의 생각이 담겨 있다. 시인은 한동안 시 창작을 하지 못해 정지해 있던 시적 상상은 오래 비워둔 방처럼 차갑게 식어버려 활력을 상실했다고 본 것이다. 즉 시인은 그동안 잘 가꾸어 오지 못한 자신의 상상력이 "문장 하나 뎁힐 수 없는 방"처럼 차갑게 식어버렸다고 생각하는 것이다. 그래서 시인은 시 창작의 활력과 연속성을 위해서는 시적 상상의 방에 가끔은 온기를 불어넣어야 한다고 하는 사실을 깨닫는다. 이를테면 "가끔은 골방에 불을 넣을 일"이나 "설설 끓는 물소리 한 번씩 들을 일"을 강조하는 것은 그런 깨달음과 관계 깊다. 그러나 그런 깨달음에도 불구하고 시 창작의 어려움은 사라지지 않는다. 마지막 연의 "문장은 중립이다"라는 시구는, 시를 창작한다는 것이 언제나 시적 진리를 찾기 위한 마음의 방황을 동반한다는 사실을 함의한다. 시인은 한 편의 시를 쓰기 위해 기어를 "중립"에 넣은("기어가 없는") 자동차처럼 "정처 없이" 방황할 수밖에 없다고 고백하고 있는 것이다.

시인이 시 청탁서를 받는 일은 반가우면서도 부담스러운 일이다. 발표 지면이 한정되어 있는 시단 상황에서 청탁을 받는 일은 즐거운 일이지만, 시인 자신의 자유 의지가 아니라 타인의 요구에 의해 창작을 해야 하니 즐겁지만은 않은 일이다. 또한 창작의 시간에는 일상을 포기하고 시의 세계로 나아가야 하는 어려움도 찾아온다. 그러나 시인은 언제나 현실, 생활, 일상의 너머에 존재하는 시적 이상을 찾아 나서는 존재이다. 이를테면 "때론 낮게 등 구부리고 천 년이 하루 같은 시간에/깊숙이 들어가 볼 일이다/나는 잔뜩 싸들고 온 잠도 산책도/잠깐 벽에 걸어둔다/아직도 보내지 못한 핀에 박힌 시 청탁서 옆에"(「다섯 평의 움막」)에 그러한 사정이 잘 드러난다. 이처럼 시인은 시를 쓰기 위해 모든 것을 멈추고 시심의 "움막"으로 들어가야 하는 것이다. 그곳에서 시인은 시의 언어를 움틔운다.

> 내 사연 말고도
> 온갖 사연이 내밀하다
> 어떤 욕망이 투입되고 있을까
> 내가 불러들였거나 누군가 내 의식을
> 강제하고 있는 건 아닐까
> 얼크러진 음악 같기도 하고
> 해독 불가능한 암호 같기도 한 비밀문서들
> 아무리 꿈이지만
> 납작해진 사람들이 내 가슴 안에 모여
> 무슨 해괴한 음모를 꾸미는지
> 척척 개서 바깥으로 몽땅 던지려다
> 문득 잠에서 깬다
> 버린 욕망인지, 주워 모은 욕망인지 모를
> 내 깊은 곳, 그 군상들을 놓고

뒤집힌 시어 하나 꺼낸다

—「문득, 잠에서 깬다」 부분

  이 시에서 시를 쓰는 것은 꿈을 꾸는 일이다. 아니 더 정확히 말하면 꿈의 세계를 현실에 옮겨 놓는 일이다. 시의 저장소인 꿈의 세계에는 "내 사연 말고도 온갖 사연이 내밀하다"고 한다. 그것은 "얼크러진 음악 같기도 하고/해독 불가능한 암호 같기도 한 비밀문서들"과 같이 아직 시상으로 정리되지 않은 것들이 놓여 있다. 그런데 한 편의 시를 쓰기 위해서는 그러한 시상을 정리해야 한다. 다시 말해 "잠에서 깨"어나 꿈의 세계에서 탈출해 나와야 한다. 시를 쓴다는 것은 그러한 꿈의 세계에서 가져온 시의 씨앗을 발양하는 일이다. 결구인 "내 깊은 곳, 그 군상들을 놓고/뒤집힌 시어 하나 꺼낸다"는 것은 그러한 시 창작의 과정을 말해준다. 여기서 "뒤집힌 시어"라는 표현은 아주 중요하다고 할 수 있는데, 그것은 시를 쓰는 일은 전복적 상상력이 동반되어야 한다는 시인의 시적 자의식과 관계 깊기 때문이다. 이는 정영주 시인이 시 창작 과정에서 다소 비약적인 비유나 도발적인 언어를 자주 사용하는 것과 관계 깊은 것으로 보인다.

  시가 전복적 상상의 결과라는 인식에 기대면, 그 '전복'의 성격이나 정도에 따라 시의 성격이 크게 달라진다.

이때의 전복이란 일상적 언어를 넘어선 시적 표현법 일반을 일컫는 것일 수도 있고, 과격한 실험 정신을 추구하는 아방가르드적인 시 표현법이라고 볼 수도 있다. 그런데 정영주 시인의 시에서 전복은 과유불급의 시학이라고 일컬을 수 있을 정도로 시적 전위(前衛)가 과하지도 모자라지도 않는 시적 균형 감각을 의미한다.

    조짐 같은 언어가
    긴장된 시간으로 좌정하고 있다
    세 시의 약속을 어긴 내가 내게 놀란다
    수상한 시가 선약도 없이 먼저 와 있었다
    시라고 말하고 싶은 수상한 그림이 엿보였다
    자기도 모르는 언어에 취해
    달려가는 손가락의 속도
    세련된 언어는 쓸쓸하고 가벼운 징후를 흘린다
    어디서 빌려온 문장처럼
    빛나는 보석인데 밟으면 금이 갈 것처럼

    추상이거나 관념이 되는 것은
    누군가의 책임이라는 불편이 몰려왔다
    시어의 적요한 반란도 불편에서 시작됐을까
    앞면도 옆면도 아닌 허허로운 등의 문장

내부는 꼼꼼하나 잠겨 있다 삐져나온 의문문들
지나친 묘사는 독이 될 때가 많으니까
정직한 감성이 배반일 때가 있으니까

들키고 싶지 않은 것들이 늘 해독 불가다
―「수상한 시(詩)」 전문

  이 시에서 "수상한 시"는 "조짐 같은 언어"로 구성된 독특한 시라고 할 수 있다. 이때 "조짐"은 뒷부분의 "징후"라는 용어와 호응하는 것으로서 시가 기본적으로 갖추어야 할 모호성(ambiguity)을 의미한다. 그런 언어는 "세 시의 약속을 어"길 정도로 "긴장된 시간"에 등장하는데, 그때 "수상한 시가 선약도 없이 찾아와 있었다"고 한다. 즉 "시라고 말하고 싶은 수상한 그림이 엿보였다"는 것처럼 시적 영감(靈感)이 기약 없이 불쑥 찾아왔다는 것이다. 그런데 그것은 순간적으로 사라질 수도 있기 때문에 시인은 "달려가는 손가락의 속도"로 자판을 두드린다. 시적 영감은 "빛나는 보석"처럼 소중하지만 "밟으면 금이 갈 것처럼" 예민한 것이어서 재빠르게 언어로 옮겨 적지 않으면 안 되기 때문이다. 그것을 "세련된 언어"로 옮겨 적는 일이 곧 시를 쓰는 일일 터, 그런 언어는 인생처럼 "쓸쓸하고 가벼운 징후를 흘린다"고 한다. 인생을 핍진하게 옮겨 놓은 시가 탄생하는 순간이다.

 두 번째 연에서는 시적 언어에 대한 구체적인 인식을 드러낸다. 시인은 "추상이나 관념", "지나친 묘사", "정직한 감성" 등을 부정적인 언어의 모습으로 간주한다. 시적 언어에서 "추상이나 관념"을 배제하는 것은 당연한 일일 터, 그것은 객관적 상관물이나 비유적 언어를 통해 구체화되어야만 시적 표현이라고 할 수 있다. 시에서 "묘사"나 "감성"이 중요하긴 하지만 그것의 과잉은 역시 피해야 할 요소가 아닐 수 없다. 대신 긍정적인 시의 언어로 제시하고 있는 것은 "앞면도 옆면도 아닌 허허로운 등의 문장"이나 마음의 "내부"에서 나온 "의문문들"이다. 이때 "등의 문장"은 앞서 등장했던 "조짐"이나 "배후"의 의미와 연관되는 것이고, "의문문들"은 삶과 세상에 대한 근원적인 질문으로서의 시적 언어를 뜻하는 것이다. 따라서 이 시에서 말하려는 시의 궁극적 의미는 전위성이나 감성의 균형감각을 지닌 것으로서 비유적이고 구체적인 언어로 인생을 탐구하는 것이다. 이것은 자연히 정영주 시인의 시적 지향점과 밀접하게 연관된다.

 시인이 시를 쓰기 위한 고뇌나 시적 정체성 문제를 확장하여 생각하면, 다른 장르의 문학가나 예술가의 그런 문제와 조금도 다르지 않다. 시는 소설이나 희곡, 혹은 그림이나 음악, 영화 등과 같이 하나의 예술 양식으로

서, 그 근원적 존재 원리가 그것들과 다르지 않기 때문이다. 그리하여 아래의 시는 화가 고흐의 그림과 예술혼을 다룬 영화에 관한 시이지만, 정영주 시인의 시적 정체성을 드러내 주는 것으로 읽을 수 있다.

> 배우의 표정에
> 고흐의 색채를 씌워봐
> 떨리는 물결로 번지는 저 애니메이션
> 우울한 고흐의 열정과
> 절벽으로 달려갈 듯 쓰러지는 슬픔이
> 흔들리는 색감으로 벼랑을 타지
> 그대 봤어?
> 십 년을 고흐 빛깔을 찾아 만들었다는 애니메이션
> 어둠 투성이인 그의 광기도
> 그의 색채가 배경이 되는 고뇌도
> 떠나는 고갱을 간절히 붙잡는 뒷모습도
> 창녀와 거리를 헤매는 순진한 불량까지
> 처절하게 아름다운 고흐를 봤어?
> 그렇게 그를 사지로 몰 수는 없었다는 해석 아닐까?
> 고흐는 스스로에게 가장 정직한 화가라고
> 순정하고 오묘한 색채묘사로 그를 변명해주고픈
> 감독의 절절한 애도 아닐까?

뜻밖의 황홀한 영화를 보고
고흐를 현실로 데려오고 싶었어
그의 소심한 자폐와,
자학으로는 바꿀 수 없는 찬란한 색감이
지금까지도 추앙받는
그대의 최선의 자존이라고 말해주고 싶었지
오늘 살아서 움직이는 시 한 편이 내게로 왔어
　　　　　　　―「러빙, 빈센트 반 고흐」전문

　이 시는 코비엘라 감독의 애니메이션 영화 「러빙 빈센트」(2017년)에 대한 감상평을 내용으로 한다. 이 영화는 세계 최초의 '유화' 애니메이션으로서 고흐의 그림 130점을 바탕으로 10년에 걸쳐서 제작되었다고 한다. 이 영화에는 107명의 예술가들이 동원되어 만든 6만 장의 유화가 활용되어 화제가 되기도 했다. 시의 첫 구절처럼 "배우의 표정에/고흐의 색채를 씌워" 만든 예술 영화로서 특이한 입지를 확보했다. 이 영화의 진정한 주인공인 "빈센트 반 고흐"는 네덜란드 출신의 후기 인상파 화가이다. 그의 인생은 그의 그림 못지않게 극적이고 치열했다. 1853년에 태어난 그는 28세라는 늦은 나이에 화가의 길로 들어서서 많은 명작들을 세상에 내놓고 37살의 이른 나이에 자살로 삶을 마무리했다. 그의 삶은 가난, 광기, 우울, 자폐, 열등감 등으로 점철되었지만, 그의 영혼은 그림에 대한 열정과 사랑으로 넘쳐났다. 이 시에서 "우울한 고흐의 열정과/절벽으로 달려갈 듯 쓰러지는 슬픔이/흔들리는 색감으로 벼랑을 타지"라는 시구는 고흐의 그러한 삶을 드러낸다.

시인은 고흐의 처절하고 열렬했던 삶에 대해 깊이 공감한다. 그러한 공감은 "어둠 투성이인 그의 광기도/그의 색채가 배경이 되는 고뇌도/떠나는 고갱을 간절히 붙잡는 뒷모습도/창녀와 거리를 헤매는 순진한 불량까지/처절하게 아름다운 고흐를 봤어?"라는 시구에 온전히 나타난다. 시인은 또한 "뜻밖의 황홀한 영화를 보고/고흐를 현실로 데려오고 싶었어"라고 하여 고흐의 위대한 예술적 생애를 오늘의 "현실" 속에서 만나고 싶은 소망을 드러내기도 한다. 그리고는 "오늘 살아서 움직이는 시 한 편이 내게로 왔어"라고 시상을 마무리하면서 고흐의 예술적인 생애를 "시 한 편"으로 비유하고 있다. 시인은 고흐의 예술적인, 너무도 예술적인 생애에 깊은 감동과 공감을 표시하고 있는 것이다. 이 마음은 달리 말하면 정영주 시인이 공감하고 지향하는 시심이라고 할 수 있다. 이러한 시심은 그 무엇도 "시 한 편과 바꿀 수는 없"(「그늘 서너 평」)다는 인식과 상통한다. 영혼이 깃든 시는 세상의 그 무엇과도 바꿀 수 없다는 절대적인 가치

부여를 하고 있는 것이다.

  이 시집에 드러나는 또 하나의 시적 자의식은 진솔하지 못한 시에 대한 비판 정신과 관련된다. 실제로 인간적 진솔성을 매개하는 시보다는 출판 권력이나 상업 자본과 결탁한 시가 세상에서 더 주목을 받는다. 그러한 시는 대개 대중적 소통이라는 코드를 앞세우면서 인간의 감동보다는 판매 실적에만 매달리기 마련이다. 시인은 이러한 현실에 대해 강고한 비판 정신을 보여준다.

> 한 시대의 걸쭉한 담론들이
> 가지가지마다 걸려 있다
> 둥치 사이로 기어든 바람이
> 산행하는 사람들 혀를 감고 돈다
> 요즘 부쩍 산에 드는 사내들이 많아졌다
> 그들의 혀는 잘 갈아진 칼처럼
> 세상을 난도질한다
> 거친 언어일수록 푸드득
> 높이 날아오르고
> 가지를 치며 튀어 오른다
> 색색이 나뭇가지에 걸려 있는 문자들
> 오늘 허공에 펼쳐진 책들이 많다
> 다 베스트셀러다

―「베스트셀러」 전문

　이 시는 소위 베스트셀러의 문제점에 대한 비판적 인식을 담고 있다. 시인은 "한 시대의 걸쭉한 담론들"을 나누며 "산에 드는 사내들"을 관찰하고 있다. 시인은 그들이 "잘 갈아진 칼처럼" 공격적인 언어로 "세상을 난도질한다"는 사실에 주목을 한다. 그런데 세상은 그런 언어가 헤게모니를 잡고 많은 이들의 관심을 불러일으킨다. 현실에서는 "거친 언어일수록 푸드득/높이 날아오르고/가지를 치며 튀어 오"르는 것이다. "색색이 나뭇가지에 걸려 있는 문자들"은 산행을 하는 사람들이 내뱉는 거친 말들이 사람들의 관심을 이끌고 있는 상황을 비유한다. 문제는 그런 언어들은 진실이나 순수를 담보하지 못하고 "허공에 펼쳐진 책들"을 구성할 뿐이다. 다른 시에 의하면 그들은 "서툰 책들이어서/적의와 배반을 아무렇지도 않게/뒤섞어 문자로 내뱉는"(「서툰 책방」) 것들이다. 마치 내실 없는 "베스트셀러"와 같이 도저히 베스트 북이 될 수 없는 것들이 세상 사람들의 이목을 끄는 것이다. 이 시는 이처럼 거칠고 진실하지 못한 세상과 책들에 대해 강렬한 비판 정신을 드러내고 있다. 이 시를 읽으면, 시(집) 또한 일반적으로 "베스트셀러"의 생리와 다르지 않다는 사실을 떠올리지 않을 수 없다.

4

 한 시인이 시적 자의식을 자주 드러내는 것은 그만큼 시에 대한 애정과 고뇌가 깊다는 것을 의미한다. 일반적으로 자의식이 깊은 사람이 자신의 인생을 개성적으로 잘 살아내는 것처럼, 시적 자의식이 깊은 시인은 자신의 시 세계를 부단히 갱신하려는 노력을 게을리하지 않는다. 정영주 시인의 시적 자의식은 시(쓰기)에 대한 겸양 정신, 부단한 갱신의 정신, 균형감을 잃지 않는 전위 정신, 열정과 광기의 정신, 구체적 감각의 언어, 베스트셀러에 대한 비판 정신 등으로 요약된다. 이들은 시적 정체성과 관련되는 것으로서 기본을 충실히 지키면서 삶의 상처를 응시하고 극복, 승화해온 정영주 시인의 시적 이력과 일치하는 것이다. 그리고 또 하나의 시적 자의식은 속물적 가치에 매달려 있는 것들, 혹은 진솔하지 못한 것들에 대한 비판 의식과 거부 의지로 나타나기도 한다. 이 시집에서 이러한 자의식으로 지은 '시의 집'은 '바다의 길'로 인하여 시적 상상의 구체성과 핍진성을 획득한다. 정영주 시인은 그동안 살아오면서 겪은 수많은 상처와 고난, 그로 인한 병증을 '바다의 길'과 '시의 집'에서 위무 받고 치유 받고자 하는 것이다. 아래의 시는 그러한 시적 여정을 전체적으로 온축해 주는 것이어서 흥미롭다.

바다는 쉼 없이 파도 집을 짓고
나는 쉼 없이 시의 집을 짓는다
똑같은 파도는 없고
똑같은 시는 하나도 없다

두 아이가
바짓단 척척 말아 올리고
파도와 맞짱을 뜬다
물리지 않겠다고 겅중겅중 뛰지만
파도에 여지없이 깨진다
아이들도 알아챘는지 발 멈추고
모래집을 짓는다
머릴 맞대고 모래성 쌓아도
손이 긴 파도가 달려와 순간에 밑동을 부순다
아이들은 바다에 발길질
서너 번 하다 돌아서고 나는 어어 하다 웃고

승산 없는 게임은 어디에도 있다
계산이 끝났어도 달려들고 싶은 순간이 있다
시 붙들고 집 지은 지 이십 년이 넘었는데
아직도 공사 중이다

> 그래도 나는 파도와 싸우고 부실한 시와 싸운다
> 지는 싸움을 죽어라 하는 이유,
> 돌아서는 저 아이들에게서 배울까
> 아이들 종아리에 다닥다닥 붙은 모래
> 털고 털어도 집까지 따라가는, 그 바다에게서
> ―「아직도 공사 중」 전문

  이 시의 핵심어는 "바다"와 "시"이다. "바다는 쉼 없이 파도 집을 짓고/나는 쉼 없이 시의 집을 짓는다"는 시구는, "바다"와 "나"와 "시"가 마치 삼위일체와 같이 밀접한 관계에 있다는 점을 드러낸다. 이를 상세히 해석하면 "나"는 "바다"가 "파도의 집"을 짓는 모습을 보면서 "시의 집"을 지어왔다는 것으로 이해된다. 그렇다면 "바다"에는 무엇이 있기에 평생토록 그것을 바라보며 시를 지었다는 말인가? 이 질문에 대한 대답은 "파도와 맞짱을 뜨"는 두 아이"의 행동에서 찾을 수 있다. "두 아이"는 바닷가에서 파도가 밀려올 때마다 "경중경중 뛰지만/파도에 여지없이 깨진다". 또한 "두 아이"는 "모래집을 짓"지만 언제나 "긴 파도가 밀려와 밑동을 부순다". "두 아이"는 "파도와 맞짱을 뜬다"고 하지만, 사실은 항상 "파도"에게 지는 게임을 하고 있는 것이다. 그러나 중요한 것은 매번 지면서도 굴복하지 않는 정신이다.

사실 세상을 사는 일이나 시를 쓰는 일이나 절대적인 기준으로 보면, 인간은 항상 패배할 수밖에 없는 존재이다. 하지만, 그럼에도 불구하고 삶의 이상이나 시의 이상을 부단히 추구하는 것만이 절대적인 것에 도달할 가능성을 열어준다. 인간은 근본적으로 유한적 존재이지만 무한의 세계를 향한 꿈과 도전 정신이 있기 때문에 인간적으로 살아갈 수 있다. 꿈과 도전 정신이 없는 삶을 진정한 의미의 인간적 삶이라고 말할 수 없겠기 때문이다. 시는 상상을 통해 꿈을 꾸는 일이기 때문에 시와 함께 사는 것은 인간답게 살아가기 위한 것이다. 시인이 "나는 파도와 싸우고 부실한 시와 싸운다/지는 싸움을 죽어라 하는 이유"가 바로 그것이다. 비록 실현 불가능할지라도 시의 꿈을 향한 도전을 멈추지 않는 삶이 중요하다. 이러한 삶의 태도는 "측백나무 그늘을 끌고/하늘에 푸른 길 하나 내고 싶다(「측백나무 그늘을 끌고」)는 소망과 함께 한다. 현실의 진창을 넘어서 "하늘"에 놓일 "푸른 길"을 내는 일, 그것이 바로 정영주 시인이 이 시집을 세상에 내놓는 궁극적인 이유이다. 그래서 이 시집을 읽고 나면, 시인의 푸른 꿈과 바다의 푸른 파도와 "하늘"의 "푸른 길"이 모두 한 몸이라는 사실을 깨닫는다. 이것은 시적인, 아주 시적인 경험이다.

시인의 말

너무 드러내지 않는다는 것은 고통, 거의 절망에 가깝지만
어떻게 보면 영원히 끝나지 않는 싸움 속에서 마음의 평화
와 기쁨을 얻는 일이다.
　　　　　—피에르 자위, 『드러내지 않기』 중에서

드러내고 싶었는지
드러낼 수밖에 없었는지
꽁꽁 숨겨 놨다 저절로 곪아 터져버린 언어들,
한곳에 머무를 수 없었던 여정들이 끌고 온 시간들에게
집을 지어주는 게 도리라는 생각이 들었다

제주의 바람에 져서
이제 겨우 고향에 당도한 춘천,
버겁고 쓰라렸던 모든 시(詩)들이
서로 부비고 쓰다듬고 따뜻이 격려하기를…

　　　　　　　　　바다가 안 보이는 작은 뜰에서
　　　　　　　　　　　　2018년 5월 정영주

바당 봉봉

2018년 6월 27일 초판 1쇄 펴냄

지은이 _ 정영주
펴낸이 _ 양문규
펴낸곳 _ 詩와에세이

신고번호 _ 제2017-000025호
주　　소 _ (30018)세종특별자치시 조치원읍 돌마루5길 2, 104호
대표전화 _ (044)863-7652, 070-8877-7653
팩시밀리 _ 0505-116-7653
휴대전화 _ 010-5355-7565
전자우편 _ sie2005@naver.com
공 급 처 _ 한국출판협동조합
주문전화 _ (02)716-5616
팩시밀리 _ (031)944-8234~6

ⓒ 정영주, 2018
ISBN 979-11-86111-49-9(03810)

* 지은이와 협의하여 인지는 생략합니다.
* 이 책 내용의 전부 또는 일부를 재사용하려면 반드시 지은이와
  詩와에세이 양측의 동의를 받아야 합니다.
* 책값은 뒤표지에 표시되어 있습니다.

이 도서의 국립중앙도서관 출판예정도서목록(CIP)은 서지정보유통지원시스템 홈페이지(http://seoji.nl.go.kr)와 국가자료공동목록시스템(http://www.nl.go.kr/kolisnet)에서 이용하실 수 있습니다.(CIP제어번호: CIP2018018304)